BEI GRIN MACHT SICH IHR WISSEN BEZAHLT

- Wir veröffentlichen Ihre Hausarbeit, Bachelor- und Masterarbeit

- Ihr eigenes eBook und Buch - weltweit in allen wichtigen Shops

- Verdienen Sie an jedem Verkauf

Jetzt bei www.GRIN.com hochladen und kostenlos publizieren

Bibliografische Information der Deutschen Nationalbibliothek:

Die Deutsche Bibliothek verzeichnet diese Publikation in der Deutschen National-bibliografie; detaillierte bibliografische Daten sind im Internet über http://dnb.d-nb.de/ abrufbar.

Impressum:

Copyright © 2018 GRIN Verlag
Druck und Bindung: Books on Demand GmbH, Norderstedt Germany
ISBN: 9783668824096

Dieses Buch bei GRIN:

https://www.grin.com/document/444969

Sandra Waldeyer

Dienstleistungs- und Servicemanagement. Mittelfristige Kapazitätsentscheidungen, Herausforderungen Kommunikationspolitik und Service Dominant Logic

GRIN Verlag

GRIN - Your knowledge has value

Der GRIN Verlag publiziert seit 1998 wissenschaftliche Arbeiten von Studenten, Hochschullehrern und anderen Akademikern als eBook und gedrucktes Buch. Die Verlagswebsite www.grin.com ist die ideale Plattform zur Veröffentlichung von Hausarbeiten, Abschlussarbeiten, wissenschaftlichen Aufsätzen, Dissertationen und Fachbüchern.

Besuchen Sie uns im Internet:

http://www.grin.com/

http://www.facebook.com/grincom

http://www.twitter.com/grin_com

Einsendeaufgabe

Alternative B

Dienstleistungen und Service Management

elektronisch versendet am 30.08.2018 im Online Campus

SRH Fernhochschule

Modul: Dienstleistungen und Service Management

Studiengang: Wirtschaftspsychologie

von

Sandra Waldeyer

Studiengang: Wirtschaftspsychologie (B.Sc.)

Inhaltsverzeichnis

Abkürzungsverzeichnis

SDL   Service Dominant Logic

GDL   Good Dominant Logic

Aufgabe B1

Der Begriff Kapazität beschreibt im betriebswirtschaftlichen Kontext den höchstmöglichen Output eines Systems in einem bestimmten Zeitraum unter gegebenen Rahmenbedingungen (Heizer & Render, 2012, S. 228). Dabei ist die zeitliche Dimension von zentraler Bedeutung. So ist beispielsweise in einem Restaurant die Anzahl der Gerichte die in einer bestimmten Zeitspanne serviert werden können für die Kapazitätsbestimmung maßgeblich und nicht die Anzahl der vorhandenen Stühle. Die Messung des maximalen Outputs sollte unter durchschnittlichen Arbeitsbedingungen erfolgen, da Überstunden oder ähnliche Faktoren das Ergebnis beeinflussen. Im Bereich der Sozial- und Gesundheitsdienstleistungen ist die Kapazität z.B. die Anzahl der Patienten pro Tag die ein Psychotherapeut behandeln kann oder die Anzahl der durchgeführten Beratungen einer Suchtberatungsstelle (Haller, 2017, S. 158).

Kapazitätsentscheidungen lassen sich nach ihrer Langfristigkeit unterscheiden. Strategische oder langfristige Kapazitätsentscheidungen betreffen in erste Linie Investitionen in Gebäude, Räumlichkeiten und Ausrüstung sowie Erweiterungsentscheidungen. Mittelfristige Kapazitätsentscheidungen hingegen zielen darauf ab, Angebot und Nachfrage im Laufe eines Tages, einer Woche oder eines Monats auszugleichen. Dies ist im Dienstleistungsbereich aufgrund des immateriellen Charakters von Dienstleistungen und der damit verbundenen Nichtlagerfähigkeit besonders problematisch. Viele Dienstleistungsunternehmen sehen sich mit erheblichen zeitlich bedingten Nachfrageschwankungen konfrontiert. Als Folge verfügen Dienstleister entweder über zu wenig Ressourcen zur Nachfragebefriedigung oder aber es kommt zu einem kostenaufwendigen Ressourcenüberschuss, da diese vorgehalten werden müssen. Dienstleistungsunternehmen stehen deshalb vor der Herausforderung Strategien zu erarbeiten, die zum einen die Auslastung in nachfrageschwachen Perioden erhöhen und zum anderen die maximale Gewinnabschöpfung in nachfragestarken Perioden ermöglichen. Grundsätzlich stehen für die hierfür zwei Basisstrategien zur Verfügung, die für gewöhnlich miteinander kombiniert werden.

Einerseits besteht die Möglichkeit, die Kapazität an die Nachfrage anzupassen. In diesem Fall spricht man von einer sogenannte Chase-Demand-Strategy (alternierende Kapazität). Voraussetzung hierfür ist eine konkrete Prognose der zu erwartenden

Nachfrage. Da diese meist auf Erfahrungswerten beruht, kann es trotzdem zu unvorhergesehen Engpässen kommen, da die Kapazität der Nachfrage „hinterherjagt" (Haller, 2017, S. 158-159). Im Folgenden werden mögliche Ansätze zur bedarfsgerechten Steuerung der verfügbaren Kapazitäten im Bereich der Sozial- und Gesundheitsdienstleistungen aufgezeigt.

So ermöglicht der Einbezug von Kooperationspartnern eine hohe Anpassung an Nachfrageschwankungen. Krankenkassen betreiben in der Regel ein Call-Center für die verschiedensten Belange ihrer Kunden. Kommt es zu einer zu hohen Anzahl an Anrufen, werden diese automatisch an das Partner-Call-Center mit entsprechend geschulten Mitarbeitern weitergeleitet. Im Rahmen von medizinischen Fahrdiensten besteht die Möglichkeit mit örtlichen Taxiunternehmen zu kooperieren und somit auf schwankende Fahrgastzahlen flexibel reagieren zu können. Vorausgesetzt natürlich, dass es sich nicht um einen speziellen medizinischen Transport mit besonderen Anforderungen handelt.

Um Spitzenzeiten mit erhöhter Nachfrage abdecken zu können, besteht die Möglichkeit den festen Mitarbeiterstamm mit Teilzeitkräften zu ergänzen. Dies bietet den Vorteil, dass bei geringer Auslastung keine zusätzlichen Kosten entstehen. In einer Altenpflegeeinrichtung fallen zu bestimmten Tageszeiten besonders viele Arbeiten an. So müssen am Morgen alle Bewohner für den Tag fertig gemacht werden, Frühstück und Medikamente verteilt werden usw. wohingegen in der Nacht meist nur sehr wenige Tätigkeiten anfallen. Um eine optimale Versorgung der Bewohner ohne lange Wartezeiten zu gewährleisten, ist es sinnvoll die besonders arbeitsintensiven Zeiten mit zusätzlichen Teilzeitkräften zu bewältigen.

Durch organisatorische Maßnahmen kann eine Maximierung der Effizienz erreicht werden. Während nachfragestarken Zeiten werden nur diejenigen Arbeiten erledigt, die für die Erbringung der Dienstleistung wesentlich sind. Alle anderen Tätigkeiten werden auf auslastungsschwache Zeiten verschoben. In Krankenhäusern können die Tätigkeiten entsprechend der Tageszeiten angepasst werden. Meist fallen tagsüber mehr Arbeiten an als in der Nacht wenn die meisten Patienten schlafen. Zu dieser Zeit können dann vermehrt administrative Tätigkeiten wie Patientenakten pflegen oder die Vorbereitung der Medikamentenausgabe erledigt werden. Im Bereich der Gemeinschaftsverpflegung sind zu den Stoßzeiten alle Mitarbeiter in der Essensausgabe beschäftigt. Die ruhigeren Zeiten dazwischen können hingegen für andere Arbeiten wie Bestellungen von Lebensmitteln, Abrechnungen und Vorbereitung von Essen genutzt werden.

Die Verlagerung von Servicetätigkeiten auf Selbstbedienung stellt eine weitere Möglichkeit zur Steuerung der verfügbaren Kapazitäten dar. Der Kunde wird in den Erstellungsprozess integriert und übernimmt Teile der Leistung die bisher der Dienstleister erbracht hat selbst. Dies hat zur Folge, dass Kapazitäten freigesetzt werden. Essen in Krankenhäusern, Rehabilitationseinrichtungen oder Altenpflegeeinrichtungen kann in Form von Selbstbedienungsbuffets angeboten werden. Die Patienten holen ihr Essen selber und bringen anschließend das Geschirr zu entsprechenden Rückgabestationen. Jedoch muss der jeweilige Gesundheitszustand berücksichtigt werden und deshalb wird sich diese Art der Kundenintegration nur teilweise realisieren lassen. Krankenkassen können durch die Bereitstellung von persönlichen Mitgliedskonten im Internet viele Arbeiten direkt an den Kunden übertragen. Der Kunde kann selbstständig Formulare und Bescheinigungen herunterladen oder versenden sowie eine Vielzahl von Informationen abrufen (Sasser, 1984, S. 330-338).

Eine breite Ausbildung des Personals ist eine weitere Maßnahme, zur flexiblen Reaktion auf unterschiedliche Nachfragesituationen. Die Mitarbeiter werden so geschult, dass sie je nach Bedarf unterschiedliche Einzeltätigkeiten ausführen können. Man spricht in diesem Zusammenhang auch oft von sogenannten „Springer-Tätigkeiten". Ein Tafelladen hat meist begrenzte Öffnungszeiten. Zur Vermeidung unnötig langer Wartezeiten sollten während der geöffneten Phasen alle Mitarbeiter im Verkauf tätig sein. Ist der Tafelladen jedoch geschlossen, kann derselbe Mitarbeiter Regale einräumen oder neue Ware bestellen (Leimeister, 2012, S. 276-277).

Bei einer Kapazitätssegmentierung werden Kunden nach verschiedenen Kriterien wie z.B. dem erforderlichen Zeitbedarf aufgeteilt und das räumliche und personelle Angebot darauf abgestimmt. Ärzte oder Therapeuten können ihre Patienten nach privat und gesetzlich segmentieren. Für Privatpatienten werden dann spezielle Sprechstundenzeiten angeboten und somit lange Wartezeiten vermieden (Fließ, 2009, S. 257).

Für die stets variierende Nachfrage im Dienstleistungsbereich ist der klassische 8 Stunden Arbeitsvertrag meist weniger geeignet. Flexible Arbeitszeitmodelle hingegen, ermöglichen eine wesentlich bessere Reaktion auf Nachfrageschwankungen. Diese sollten sowohl die Bedürfnisse des Unternehmens als auch des Mitarbeiters berücksichtigen. Jahresarbeitszeitkonten bieten die Möglichkeit, Phasen der Mehrarbeit durch längere Erholungsphasen auszugleichen. In Krankenhäusern wird die Arbeitszeit entsprechend dem Patientenaufkommen angepasst (Haller, 2017, S. 163).

Die andere Grundstrategie besteht darin, die Kapazität konstant zu halten und die Nachfrage anzupassen. Dies wird Level-Capacity-Strategy (nivellierte oder konstante Kapazität) bezeichnet. Das Dienstleistungsangebot wird in diesem Fall unabhängig von der gegenwärtigen Nachfrage konstant gehalten. Aufgrund von Erfahrungswerten erfolgt eine Unterscheidung zwischen konstanter Kapazität auf Mindestniveau, Durchschnittsniveau und Spitzenniveau. Größere Anpassungsmaßnahmen sind im Regelfall nur auf lange Sicht realisierbar. Mögliche Ansätze zur Veränderung der Nachfrage bei Sozial- und Gesundheitsdienstleistungen werden folgend vorgestellt (Haller, 2017, S. 159).

Ein Reservierungssystem bietet dem Dienstleister ein sinnvolles Instrument zur Vorhersage der Nachfrage und ermöglicht somit eine umfassende zeitliche Steuerung. Ein Arzt kann durch eine optimierte Terminvergabe seine Patienten gezielt verteilten und somit lange Wartezeiten vermeiden. Ärzte haben oft die Problematik, dass viele Patienten ohne festen Termin in die Praxis kommen. Auf Basis des durchschnittlichen Patientenaufkommens können entsprechende Maßnahmen ergriffen werden. Zeigen Erfahrungswerte beispielsweise dass besonders Montags viele Patienten ohne Termin in die Praxis kommen, sollten vorab vergebene Termine sich auf die anderen Tagen verteilen, so dass Montags auf jeden Fall Kapazitäten frei sind (Leimeister, 2012, S. 270).

Durch kommunikationspolitische Maßnahmen kann der Dienstleister seine Kunden darüber informieren, wann die Kapazitäten ausgelastet sind und es dementsprechend zu Wartezeiten kommen kann. Bereits bei der Terminvergabe kann die Sprechstundenhilfe eines Arztes auf eventuelle Wartezeiten hinweisen und einen anderen Zeitpunkt vorschlagen. In den USA ist es beispielsweise vor allem in größeren Städten üblich, dass die aktuellen Wartezeiten der örtlichen Notaufnahmen oder Ärzten auf großen Tafeln entlang vielbefahrener Straßen angezeigt werden.

Durch die bevorzugte Behandlung bestimmter Kundengruppen wird eine Veränderung der Nachfrage erreicht. Ein Psychotherapeut konzentriert sich in stark ausgelasteten Zeiten auf die profitableren Privatpatienten oder langjährige Patienten. Auch ein Aufnahmestopp für Neukunden hat Auswirkungen (Haller, 2017, S. 162).

Eine weitere Möglichkeit besteht in der Entwicklung komplementärer Dienstleistungen. Diese werden parallel zur der eigentlichen Dienstleistung angeboten und haben die Zielsetzung, Wartezeiten angenehmer zu gestalten. Bei Ärzten, Therapeuten oder Krankenhäusern besteht die Möglichkeit, Wartebereiche mit sogenannten „Kaffee- oder Getränke-Ecken" und Kinderspielbereichen auszustatten. Auch die Bereitstellung von Zeitschriften, Infomaterial und Produktproben haben dienliche Effekte zur Überbrückung von Wartezeiten. Des Weiteren können in größeren Einrichtungen wie Krankenhäuser oder Rehazentren die Patienten durch das Angebot eines Restaurants, Cafés und oder Shops vermeintlich nutzlose Wartezeiten sinnvoller verwendet werden (Leimeister, 2012, S. 271).

Ein wichtiges Instrument zur Änderung des Nachfrageverhaltens der Kunden ist die Schaffung finanzieller Anreize. Zielsetzung ist dabei durch Rabatte, Vergünstigungen, gratis Zusatzleistungen usw. Kunden zu schwach ausgelasteten Zeiten anzulocken. Diese Preisdifferenzierungen sind besonders im Bereich der Gesundheits- und Sozialdienstleistungen eher schwierig umsetzbar, da es hier meist fest vereinbarte Sätze mit den Krankenkassen und Pflegeversicherungen gibt und die Dienstleister entsprechend nach gesetzlichen Vorgaben abrechnen müssen. Jedoch kann ein Dienstleister der privatwirtschaftlich Essen auf Rädern ausliefert, seinen Kunden Sonderkonditionen bieten, wenn diese sich bereit erklären, ihr Essen 11.00 oder 13.00 Uhr zu erhalten und somit die klassische 12.00 Uhr Lieferzeit entlastet wird. Auch haben Tafelläden die Möglichkeit, besonders schlecht frequentierte Uhrzeiten (sehr früh morgens) durch einen Gratiskaffee oder ein Stück Kuchen attraktiver zu gestalten. Kindergärten stehen oft vor der Problematik, dass vor allem vormittags sehr viele Kinder da sind wohingegen nachmittags dann nur wenige Kinder das Angebot nutzen. In diesem Fall könnte eine vergünstigtes Kindergartengebühren für Kinder die nur nachmittags kommen für manche Eltern interessant sein (Leimeister, 2012, S. 270).

Um Zeiten schwacher Kapazitätsauslastungen zu vermeiden, kann der Versuch unternommen werden, alternative Nachfrage zu erzeugen. Es werden mögliche Kundengruppen angesprochen, die zu Spitzenzeiten nicht im Fokus liegen. Kurkliniken können in Zeiten mit geringer Auslastung Wellness- und Erholungskuren für Privatzahler anbieten. Des Weiteren besteht die Möglichkeit interne Einrichtungen wie das Schwimmbad oder Sporträume stundenweise an externe Vereine oder Personen zur Nutzung zu vermieten (Leimeister, 2012, S. 271).

Die ausgeführten Vorschläge verdeutlichen, wie viele unterschiedliche Möglichkeiten zur Verfügung stehen, Angebot und Nachfrage im Dienstleistungsbereich anzugleichen. Unternehmen stehen deshalb vor der Herausforderung, mit Kreativität und Flexibilität individuell passende Strategien zu entwickeln und durch die Kombination verschiedener Maßnahmen ein möglichst optimales Ergebnis zu erreichen (Haller, 2017, S. 163).

Aufgabe B2

Die Kommunikationspolitik eines Dienstleistungsunternehmens umfasst alle eingesetzten Kommunikationsinstrumente und –maßnahmen mit der Zielsetzung, „das Unternehmen und seine Leistungen den relevanten Zielgruppen der Kommunikation darzustellen und/oder mit den Anspruchsgruppen eines Unternehmens in Interaktion zu treten." (Meffert & Bruhn, 2012, S. 282).

Dienstleistungen weisen aufgrund ihrer Charakteristika im Gegensatz zu Sachgütern einige Besonderheiten auf. Daraus ergeben sich spezielle Herausforderungen an die Kommunikationspolitik der Dienstleistungsunternehmen.

Der Dienstleistungsanbieter ist mit der Schwierigkeit konfrontiert, dass seine **Leistungsfähigkeit** nicht oder nur sehr begrenzt darstellbar ist. Daraus erfolgt das Erfordernis, dass bestimmte Dienstleistungskompetenzen dokumentiert und kommuniziert werden sollten. Die Darstellung des Fähigkeitspotenzials kann beispielsweise durch Aufhängen von Urkunden oder Abschlüssen, spezifischen Hinweisen, Werbung mit Testimonials oder unabhängiger Testinstitute erfolgen, die die Qualität bestätigen (Haller, 2017, S. 303).

Die nächste Besonderheit von Dienstleistungen liegt in der **Integration des externen Faktors**. Die Anwesenheit des Kunden oder des betreffenden Objektes am Ort der Leistungserstellung ist unumgänglich. Es besteht die Möglichkeit, dass der Dienstleister für den externen Faktor einen Transport anbietet. Dies muss durch entsprechende Hinweise kommuniziert werden. So kann ein Autohaus einen Hol- und Bringdienst anbieten. Die Darstellung des externen Faktors ist in der Regel nicht standardisierbar. Aus diesem Grund legen Kommunikationsmaßnahmen ihren Fokus meist auf die Präsentation der internen Faktoren. In manchen Dienstleistungsbereichen erfolgt eine beispielhafte Darstellung des externen Faktors z.B. durch prominente

Kunden. Aufgrund der Charakteristika der Integration des externen Faktors ist es bei Dienstleistungen sinnvoll, Kommunikationsmaßnahmen im Rahmen der Erstellung einzusetzen. Die Kommunikation im Rahmen des Leistungserstellungsprozesses erweist sich als hilfreich bei der Klärung von Problemen. Die Integration des externen Faktors ermöglicht eine persönliche interaktive Kommunikation zwischen Anbieter und Nachfrager und schafft so die Voraussetzungen zum Aufbau enger Kunden-Mitarbeiter-Beziehungen und vereinfacht die Erfassung der Kundendaten.

Die **Immaterialität** von Dienstleistungen wirken sich unterschiedlich auf die Kommunikationspolitik aus. Anbieter können komplexe Dienstleistungen dem Kunden meist nicht bildlich darstellen, da keine materiellen Güter vorliegen. Darauf ergibt sich das Erfordernis an die Kommunikation, Dienstleistungen zu materialisieren. Dies ist einerseits durch die Darstellung erfassbarer Elemente und andererseits durch die Verwendung materieller Surrogate möglich. Ein Anwendungsbeispiel sind z.B. Vorher-Nachher-Bilder bei Diätprogrammen. Neben der Materialisierung ist es meist sinnvoll, Dienstleistungen durch die Betonung tangibler Elemente zu visualisieren. Die Kommunikation hat des Weiteren die Aufgabe, durch materielle Leistungskomponenten die Aufmerksamkeit sowohl für bekannte als auch für neue Leistungen zu wecken. Eine grundsätzliche Folge der Immaterialität ist, dass das Unternehmensimage beim Kunden einen hohen Stellenwert bei der Leistungsbeurteilung einnimmt. Entsprechend müssen Kommunikationsmaßnahmen die Zielsetzung haben, eine Verbesserung des Images zu erreichen.

Eine weitere Herausforderung liegt in der **Nichtlagerfähigkeit** von Dienstleistungen. Kommunikationsmaßnahmen müssen deshalb darauf ausgerichtet sein, kurzfristige Nachfragesteuerungen zu erreichen. Dies kann z.B. eine Anzeige in einer Zeitung über Last-Minuten-Reisen sein. Auch Hinweise auf Maßnahmen zur Kapazitätsaufteilung werden von der Kommunikation unterstütz. Abschließend bietet es sich bei der Nichtlagerfähigkeit an, durch den Einsatz von Kommunikationsmaßnahmen Cross-Selling-Potenziale auszuschöpfen. Dies kann z.B. der Hinweis auf Steuerberatungsleistungen im Rahmen eines Rechtsberatungsgesprächs einer Kanzlei sein.

Die letzte Herausforderung stellt die **Nichttransportfähigkeit** von Dienstleistungen dar. Es ist unabdingbar, dass den Kunden die Rahmenbedingungen wie Ort, Zeit, etc. der Erstellung mitgeteilt werden. Dies fällt in den Aufgabenbereich der Kommunikationspolitik. So muss ein Kino z.B. seine Filmvorführungstermine im Internet oder einer Tageszeitung veröffentlichen. Ferner kann eine große räumliche Distanz zwischen Leistungsangebot und -nachfrage die Notwendigkeit von Kommunikations-maßnahmen durch den Anbieter begründen. Analog zur Nichtlagerfähigkeit bietet sich auch bei der Nichttransportfähigkeit die Ausnutzung von Cross-Selling-Potenzialen an. Die Problematik der Nichttransportfähigkeit kann durch kooperative Kommunikationsmaßnahmen zwischen mehreren Dienstleistungsanbietern gelöst werden. Beispielsweise erhält man vergünstigte Tarife bei einer bestimmten Mietwa-genfirma wenn der Flug bei einer entsprechenden Fluggesellschaft gebucht wird (Meffert & Bruhn, 2012, S. 279-282).

Die weiteren Ausführungen sollen am Beispiel einer Versicherungsgesellschaft erfol-gen. Eine Versicherungsgesellschaft hat viele unterschiedliche Zielgruppen, da deren Portfolio meist ein breites Angebot an unterschiedlichen Versicherungsleistungen umfasst: Die Spanne reicht in der Regel von Jugendlichen, die z.B. ihr erstes Mofa versichern oder im Rahmen der Ausbildung eine Bausparvertrag abschließen bis hin zu Kunden hohen Alters, die ihren Hausrat versichern oder eine Reiserücktrittversi-cherung abschließen. Versicherungsdienstleistungen werden sowohl von Privat- als auch Firmenkunden unabhängig vom finanziellen Status in Anspruch genommen.

Unternehmen setzten kommunikationspolitische Maßnahmen zur Erreichung unter-schiedlicher Ziele ein. An erster Stelle stehen dabei ökonomische Ziele wie Umsatz- und Gewinnsteigerung, Erhöhung der Marktanteile oder Kostensenkungen. Dies führt jedoch zu der Problematik, dass diese ökonomischen Wirkungen nicht spezifisch den Maßnahmen zugschrieben werden können, da zugleich viele andere Faktoren (Preis, Wettbewerber,...) sich beeinflussend auswirken. Daraus begründet sich, dass im Be-reich der Kommunikationspolitik insbesondere psychologische Zielgrößen im Fokus stehen. Diese sind Bekanntheitsgrad, Erinnerung an die Werbekampagne oder Imageveränderungen (Haller, 2017, S. 304-305). Basierend auf den Stufen der Kun-denreaktion erfolgt für gewöhnlich eine Kategorisierung nach kognitiven (rationale Ebene), affektiven (Gefühlsebene) und konativen (Verhaltensebene) Zielsetzungen. Dabei ist zu beachten, dass die Ziele hierarchisch aufgebaut sind, dies bedeutet dass die kognitiven zuerst erreicht werden müssen, damit darauffolgende erreicht werden können (Kotler, Keller & Bliemel, 2011, S. 661).
Kognitive Ziele beziehen sich auf die Erkenntnis der potenziellen Kunden also wie die Kommunikation wahrgenommen und erinnert wird. Eine Versicherungsgesell-

schaft sollte den Einsatz ihrer Kommunikationsinstrumente so gestalten, dass die Kommunikation die Qualitätswahrnehmung des Rezipienten positiv beeinflusst. Der Rezipient soll auf die Versicherung oder ein angebotenes Produkt aufmerksam werden und diese Informationen im Gedächtnis speichern. Dies kann die Versicherungsgesellschaft beispielsweise durch einen Werbespot im TV mit einem Prominenten (aktuelles Beispiel: VHV – Versicherung TV-Kampagne mit Til Schweiger) umsetzen. Besonders effektiv im Rahmen der Erinnerungswirkung sind prägnante Werbeslogans („Hoffentlich Allianz versichert").

Affektive Kommunikationsziele sind darauf ausgerichtet, ein positives Unternehmensimage zu schaffen und Interesse sowie Emotionen zu wecken. Die Versicherung muss ihren Kunden ein Gefühl von Sicherheit, Vertrauen und Zuverlässigkeit vermitteln. Dies kann nur erreicht werden, wenn die Rezipienten ein positives Image wahrnehmen. So können langjährig etablierte Unternehmen dies zu ihrem Vorteil nutzen und auf Werte und Traditionen bauen. „Die Versicherung die bereits ihre Großeltern lebenslang begleitet" weckt Emotionen und Vertrauen.

Schließlich sollen die konativen Ziele Kaufabsichten und Kaufhandlungen auslösen sowie das Informations- und Weiterempfehlungsverhalten beeinflussen. Abgesehen von dem Erstkauf, liegen die Bemühungen auch auf dem Wiederkauf sowie dem Zusatzkauf in Form von Cross Selling. Die Versicherung hat die Möglichkeit, die Kaufhandlung durch ein limitiertes preislich besonders günstiges Angebot auszulösen. Cross Selling – Potentiale ergeben sich bei der Versicherung, indem zu der ursprünglich angefragten KFZ-Versicherung gleich eine entsprechende Finanzierung mit angeboten wird (Bruhn & Meffert, 2012, S. 482).

Zielsetzung der Kommunikationspolitik ist es, die für die definierte Zielgruppe festgelegten Kommunikationsziele durch den Einsatz entsprechender Kommunikationsinstrumente zu realisieren. Diese lassen sich je nach Zielsetzung in drei Kategorien einteilen.

Zum einen sind dies Instrumente der Unternehmenskommunikation wie Öffentlichkeitsarbeit (Public Relations), Sponsoring, Mitarbeiterkommunikation und institutionelle Mediawerbung. Diese dienen vor allem zur Prägung eines einheitlichen institutionellen Erscheinungsbildes des Unternehmens sowie zur Steigerung der Bekanntheit und Aufbau eines positiven Images. Des Weiteren sollen dienen diese Instrumente der Darstellung der Kompetenz und Leistungsfähigkeit eines Unternehmens sowie dem Aufbau von Vertrauen und Glaubwürdigkeit (Meffert & Bruhn, 2012,

S. 287-288). Für die Versicherungsgesellschaft bietet sich das Instrument Sponsoring an. Darunter werden alle Tätigkeiten der Analyse, Planung, Durchführung und Kontrolle verstanden, bei denen Unternehmen Geld, Sachmittel, Dienstleistungen oder Know-how zur Verfügung stellen um Personen und / oder Organisationen der Bereiche Sport, Kultur, Soziales, Umwelt und / oder den Medien zu fördern und zugleich ihre eigenen Kommunikationsziele erreichen (Bruhn, 2010, S. 429). Da die Versicherungsgesellschaft ein sehr heterogenes Leistungsprogramm aufweist, ist ein Corporate Sponsoring sinnvoll. Dies bezieht sich im Gegensatz zu einem produktbezogenen Sponsoring auf das Gesamtunternehmen. Durch Sportsponsoring wie für eine Sportveranstaltung (Tour de France) oder eine Sportarena (Allianz-Arena) kann die Versicherungsgesellschaft ein sehr breites Publikum unabhängig von Alter und Einkommen ansprechen. Sponsoring verfolgt einerseits psychologische Ziele wie die Steigerung des Bekanntheitsgrads und Veränderungen von Meinungen und Einstellungen zum Unternehmen. Andererseits sind dies rein ökonomische Ziele wie Gewinn, Umsatz und Kosten. Die Charakteristika von Dienstleistungen wirken sich auf den Einsatz des Sponsoring aus. Das Sponsoring dient der Förderung einer Imageprofilierungsstrategie. Somit wird der Bedeutung des Images Rechnung getragen. Die positive Wahrnehmung des Sponsoring trägt zur Verringerung des subjektiven Kaufrisikos bei, welches durch die Immaterialität der Dienstleistung und der damit verbundenen Qualitätsunsicherheit beim Kunden entsteht. Sponsoring ermöglicht eine Assoziation zwischen der Dienstleistung und dem Gesponserten bzw. der gesponserten Veranstaltung und trägt so zur Visualisierung bestimmter Eigenschaften bei (Meffert & Bruhn, 2012, S. 290-291).

Die nächste Kategorie bilden die Instrumente der Marketingkommunikation. Diese streben den unmittelbaren Verkauf von Dienstleistungen an. Hauptsächlich werden ökonomische Zielsetzungen wie Absatz- und Umsatzsteigerungen verfolgt. Des Weiteren sollen Imagekomponenten aufgebaut und Informationsasymmetrien durch die Vermittlung zuverlässiger Produktinformationen abgebaut werden. Typische Instrumente in diesem Bereich sind klassische Mediawerbung, Verkaufsförderung, Sponsoring und Event Marketing. Dabei spielt vor allem die klassische Mediawerbung eine zentrale Rolle in der Marketingkommunikation. „Mediawerbung ist der Transport und die Verbreitung werblicher Informationen über die Belegung von Werbeträgern mit Werbemitteln im Umfeld öffentlicher Kommunikation gegen leistungsbezogenes Entgelt, um eine Realisierung unternehmens- und marketingspezifischer Kommunikationsziele zu erreichen." (Bruhn, 2010, S. 292). Die Übermittlung von Werbebotschaften kann im Rahmen von Print-, Fernseh-, Radio-, Plakat-, Kino- und Online-Werbung erfolgen. Im Zentrum der klassischen Mediawerbung steht die Absatzförderung. Die institutionelle Mediawerbung im Bereich der Unternehmenskommunikation hingegen, legt ihren Fokus auf der Image- und Akzeptanzförderung (Meffert & Bruhn, 2012, S. 291-292). Für die Versicherungsgesellschaft gestaltet sich Fernsehwerbung als besonders vorteilhaft, da durch die Kopplung von Bild und Ton hohe Anmutungs- und Erinnerungswerte erreichbar sind. Sowohl Testimonials (Prominenter Sportler wirbt für KFZ-Versicherung) als auch prägende Slogans (Versichern heißt verstehen) lassen sich gleichzeitig realisieren. Jedoch müssen auch Nachteile berücksichtigt werden. Fernsehwerbung ist mit hohen Kosten für die Produktion und Ausstrahlung verbunden. Des Weiteren ist besteht durch die stetig steigende mediale Angebot die Gefahr, dass es zu einer Reizüberflutung der Zuschauer kommt und infolge dessen die Werbung nicht mehr richtig wahrgenommen wird (Haller, 2017, S. 308).

Die letzte Kategorie sind die Instrumente der Dialogkommunikation. Diese zielen darauf ab, durch individuelle Kommunikation den Dialog mit möglichen und derzeitigen Kunden aufzubauen und zu intensivieren. Daneben dienen diese der Schaffung von Vertrauen, der Pflege von Geschäftsbeziehungen sowie der Leistungsinformation. Instrumente der Dialogkommunikation sind Persönliche Kommunikation, Messen und Ausstellungen, Direct Marketing und Social Media Kommunikation (Meffert & Bruhn, 2012, S. 296). Für die Versicherungsgesellschaft ist das Instrument Direct Marketing besonders interessant. Darunter werden alle Kommunikationsmaßnahmen verstanden, die durch gezielte Einzelansprache einen direkte Kontaktaufnahme zum Adressaten herstellen oder durch indirekte Ansprache die Basis für einen Dialog legen. Zielsetzung dieser Maßnahmen ist die Erreichung der im Vorfeld festgelegten Kommunikations- und Vertriebsziele. Will die Versicherung ihr bisheriges Produktportfolio um die Sparte KFZ-Versicherungen erweitern, kann dies mit einem Werbebrief an bereits bestehende Kunden mit einer Hausrat-Versicherung erfolgen. Die konative Zielsetzung der Auslösung einer Handlung kann dabei durch eine Sonderaktion („Bei uns fahren Sie als treuer Kunde jetzt einmalig 3 Monate gratis") realisiert werden. Diese Art von Direktkommunikation wird reaktionsorientiert genannt. Eine weitere Möglichkeit wäre eine passive Direktkommunikation in Form eines Werbebriefs, welcher der gezielten Informationsvermittlung und Verbesserung des Kenntnisstands dient und folglich kognitive Ziele verfolgt. Dies wäre z.B. ein Informationsschreiben an Kunden einer Krankenzusatzversicherung, die Optimierungsmöglichkeiten vorstellt wie eine Beschreibung der Vorteile des optionalen Bausteins „alternative Heilmethoden (Meffert & Bruhn, 2012, S. 300).

Aufgabe B3

Durch den stetig wachsenden Dienstleistungssektor hat sich mit dem Dienstleistungsmarketing eine neue Teildisziplin aus dem allgemeinen Marketing entwickelt, welche sich mit den spezifischen Anforderungen von Dienstleistungen auseinandersetzt (Meffert & Bruhn, 2012, S. 76). Aufgrund dieser historischen Entwicklung dominiert bisher im Dienstleistungsmarketing ein traditionell güterbezogener Ansatz, die Goods Dominant Logic (GDL) (Leimeister, 2012, S. 27).

Vargo und Lusch (2004) haben mit ihrem Aufsatz „Evolving to a New Dominant Logic For Marketing" einen völlig neuen und viel diskutierten Marketingansatz geliefert. In diesem propagieren sie ein Umdenken weg von einer produktbezogenen hin zu einer dienstleistungsbezogenen Perspektive. Anstelle des Austausches von Gütern rückt der Austausch von Spezialfähigkeiten und Wissen in den Focus. Dabei ist das zentrale Element aller Produkte und den darauf bezogenen Austauschprozessen der „Service". Vargo und Lusch (2004) bezeichnen ihre neue Sichtweise als die Service Dominant Logic (SDL), da diese annimmt, dass bei Austauschprozessen in unserer heutigen Gesellschaft Dienste bzw. die in Sachgütern mit enthaltenen Dienste dominierend sind (Kuß, 2011, S. 214).

Eine Hauptannahme der SDL ist, dass der Kunde eine zentrale Rolle bei der Wertschöpfung einnimmt. Vargo und Lusch (2004) sehen ihn als Co-Creator. Nach Vargo (2008) kann die Generierung eines Wertes erst erfolgen, wenn ein Kunde ein Angebot annimmt und eine Leistung anwendet. Daraus folgt, dass das Unternehmen selbst nur Wertangebote (Value Propositions) jedoch keinen direkten Wert generieren kann. Dementsprechend bildet der Kunde den Mittelpunkt des Werterstellungsprozesses. Die Wertschöpfung hängt somit sowohl vom Anbieter als auch vom Kunden ab, wird jedoch schlussendlich vom Kunden bestimmt (Bruhn & Hadwich, 2015, S. 9). Die Tatsache, dass Kunde und Anbieter als „Co-Creator" der Wertschöpfung handeln können, formt den Vorgang der Wertgenerierung zu einem ganzheitlichen Prozess (Grönroos & Voima, 2013, S. 133).

Vargo und Lusch haben vier Kernmerkmale der serviceorientierten Sichtweise identifiziert. Diese sind Identifikation oder Entwicklung von Kernkompetenzen, Identifikation anderer Einheiten, Pflege von Beziehungen und Messung des Markt-Feedbacks (2004, S. 5).

Die Ausführungen zeigen, dass die SDL mit ihrer grundsätzlich anderen Sichtweise im Vergleich zu der bisher vorherrschenden GDL entsprechende Auswirkungen auf das Marketing der Unternehmen hat. Bisher galt das Marketing als Unternehmensfunktion, aus Sichtweise der SDL nimmt es jedoch die Rolle der Kernkompetenz sowie maßgeblichen Unternehmensphilosophie ein. Das Aufgabenspektrum des Marketings verändert sich dahingehend, dass es die zentrale Steuerung der marktorientierten Identifikation, Entwicklung und Koordination aller Kernkompetenzen übernimmt und somit als Koordinator in einem Expertennetzwerk wirkt.

Für die Versicherungsgesellschaft hat die Umsetzung der SDL weitreichende organisatorische Auswirkungen, da anstelle des „klassischen" Marketings ein integrativer Ansatz tritt, der entsprechend organisiert und koordiniert werden muss. Der wesentliche Zweck der SDL liegt in der Bereitstellung individualisierter Serviceleistungen durch Anwendung spezieller Fähigkeiten und Wissen (Meffert & Bruhn, 2012, S. 77-78).

Eine Versicherungsgesellschaft steht heutzutage generell vor der Problematik eines immensen Konkurrenzdruckes. Die angebotenen Produkte sind in der Regel beliebig vergleich- und austauschbar. Um sich von Wettbewerben differenzieren und gleichzeitig einen Vorteil generieren zu können, muss den Kunden mehr geboten werden als nur das eigentliche Produkt. Dies kann durch Innovationen und Services rund um die Produkte erfolgen (Leimeister, 2012, S. 29). Die Digitalisierung und die damit verbundenen technischen Möglichkeiten bieten eine ideale Grundlage für die SDL. Eine schnelle Abwicklung eines Schadenfalls wünscht sich jeder Versicherte. Bisher ist dies meist mit langwierigen und sowohl für den Kunden als auch für die Versicherung zeitaufwendigen Abläufen verbunden. Für die Signal-Iduna Versicherung beispielsweise ist der entscheidende Faktor, wie die Kunden bedient werden. Durch automatisierte Prozesse soll ein höchst möglicher Gebrauchsnutzen für die Kunden realisiert werden. Die Meldung eines Schadenfalls und die weitere Kommunikation erfolgt direkt vom Kunden per App. Der Kunde entscheidet selbst über die gewünschte Art der weiteren Kommunikation. So sind auch Terminwünsche und Push-

Nachrichten integriert. Darauf aufbauend sollen weitere Prozesse automatisiert werden, mit der Zielsetzung einer schnellen und für den Kunden so angenehm wie möglich gestalteten Schadensregulierung. Auch ein Echtzeit-Dienst ist bereits in Planung, der den Kunden die Möglichkeit bietet, immer den aktuellen Bearbeitungsstand zu sehen (Röwekamp, 2018). Die intensive Vernetzung sowie der Austausch von Versicherung und Kunde hat weitere positive Auswirkungen. Einerseits können Nachfragewünsche besser erkannt werden und andererseits führt die Einbindung des Kunden in den Dienstleistungsprozess zu laufenden Optimierungen, da Verbesserungspotentiale bereits frühzeitig sichtbar werden (Leimeister, 2012, S. 29). Die bereits angesprochene App der Signal-Iduna kann durch das jeweilige Nutzerverhalten entsprechend verbessert und angepasst werden. Die Versicherungsgesellschaft muss im Sinne der SDL generell ihre Marketingaktivitäten dahingehend ausrichten, dass die Kunden in einer interaktiven Beziehung zum Unternehmen stehen und nicht nur das Produktangebot (KFZ-Versicherung) sondern vor allem den zugehörigen Service (Fahrsicherheitstraining, Mietwagen, persönliches Online-Kundenkonto etc.) als Wertzuwachs wahrnehmen.

Zum jetzigen Zeitpunkt ist noch nicht absehbar, ob sich der paradigmenähnliche Marketingansatz der SDL dauerhaft etabliert. In unterschiedlichen Veröffentlichungen werden die Annahmen der SDL trotz ihrer Popularität in Frage gestellt. Dies betrifft hauptsächlich die im Folgenden näher erläuterten Kritikpunkte. Einerseits mangelt es dem servicezentrierten Ansatz an Innovationskraft. Der Neuigkeitswert ist eher begrenzt und begründet sich damit, dass im unmittelbaren Vergleich das traditionelle Marketing einseitig dargestellt wird bzw. der neue Ansatz nicht über bereits bestehende Marketing-Ansätze hinausgeht. Ein weiterer Kritikpunkt ist die fehlende theoretische Fundierung. Es ist fraglich, ob es in der betrieblichen Praxis realisierbar ist, dass das Marketing die allgemeine Verantwortung für die Identifikation und Entwicklung aller unternehmerischen Kernkompetenzen übernimmt. Wahrscheinlicher scheint bei der Anwendung diese einheitlichen Ansatzes zu sein, dass spezifische Kenntnisse unterschiedlicher Marketingausrichtungen verloren gehen (Meffert & Bruhn, 2012, S. 78). Besonders häufig wird die Ungenauigkeit zentraler Konzepte und Begriffsverwendungen bemängelt, die zu fehlerhaften Interpretationen der SDL führt. Aus diesem Grund haben Vargo und Lusch ihren ursprünglichen Artikel bereits mehrmals überarbeitet. Die eingeschränkte Praxisrelevanz der SDL stellt den letzten

Kritikpunkt dar. Eine neue Theorie kann nur dann erfolgreich sein, wenn sich diese in der Praxis auch tatsächlich umsetzen lässt. Es ist fraglich, in wie weit sich die gewünschten Verhaltensweisen bei der Versicherung im betrieblichen Alltag umsetzen lassen. Den theoretischen Forderungen wie der Aufbau enger Kundenbeziehungen und dem Angebot individualisierter Kundenlösungen stehen entsprechende Hemmnisse entgegen (Dreher, 2014, S. 59). Es kann in Frage gestellt werden, ob der Kunde überhaupt einen engen Kontakt zu seiner Versicherung möchte oder die traditionellen Abläufe schätzt. Das Beispiel der Signal-Iduna zeigt auf, dass viele Prozesse digitalisiert werden. Hier bleibt zu berücksichtigen, dass vor allem ältere Kunden oft nicht über die nötigen technischen Kompetenzen zur Nutzung dieser Angebote verfügen. Generell muss bedacht werden, dass für die Versicherung zusätzliche Ressourcen und damit verbundene Kosten in Form von EDV, Personal, Kommunikation, etc. notwendig sind, um die SDL umzusetzen zu können. Daraus begründet sich das Erfordernis einer entsprechenden Kosten-Nutzen-Analyse.

Abschließend kann festgestellt werden, dass die SDL eine sehr interessante neue Perspektive auf das Marketing und die Rolle der beteiligten Akteure aufzeigt. Der Ansatz wird kontrovers diskutiert und ist noch nicht abgeschlossen sondern befindet sich in einer Art offenen Entwicklung (Dreher, 2014, S. 59-60).

Literaturverzeichnis

Bruhn, M. (2010). *Kommunikationspolitik. Systematischer Einsatz der Kommunikation für Unternehmen* (Vahlens Handbücher, 6., vollst. überarb. und erw. Aufl.). München: Vahlen.

Bruhn, M. & Hadwich, K. (2015). Interaktive Wertschöpfung durch Dienstleistungen - Eine Einführung in die theoretischen und praktischen Problemstellungen. In M. Bruhn & K. Hadwich (Hrsg.), *Interaktive Wertschöpfung durch Dienstleistungen. Strategische Ausrichtung von Kundeninteraktionen, Geschäftsmodellen und sozialen Netzwerken* (Forum Dienstleistungsmanagement, S. 3-30). Wiesbaden: Springer Gabler.

Bruhn, M. & Meffert, H. (2012). *Handbuch Dienstleistungsmarketing. Planung - Umsetzung - Kontrolle*. Wiesbaden: Springer Gabler.

Dreher, S. (2014). *Ausgewählte Problemfelder der Marktorientierung. Der Einfluss von Dienstleistungen und Topmanagern auf die Innovativität von Unternehmen* (Springer Gabler Research). Zugl.: Darmstadt, Techn. Univ., Diss., 2013. Wiesbaden: Springer Gabler.

Fließ, S. (2009). *Dienstleistungsmanagement. Kundenintegration gestalten und steuern* (Lehrbuch, 1. Aufl.). Wiesbaden: Gabler Verlag / GWV Fachverlage GmbH Wiesbaden.

Grönroos, C. & Voima, P. (2013). Critical Service Logic - Making Sense of Value Creation and Cocreation. *Journal of the Academy of Marketing Science* (Vol. 41, No. 2), S. 133–150.

Haller, S. (2017). *Dienstleistungsmanagement. Grundlagen - Konzepte - Instrumente* (Lehrbuch, 7., aktualisierte Auflage). Wiesbaden: Springer Gabler.

Heizer, J. H. & Render, B. (2012). *Operations management* (10th ed., Flexible version). Upper Saddle River, N.J.: Prentice Hall.

Kotler, P., Keller, K. L. & Bliemel, F. (2011). *Marketing-Management. Strategien für wertschaffendes Handeln* (Wi - Wirtschaft, 12., aktualisierte Aufl., [Nachdr.]. München: Pearson Studium.

Kuß, A. (2011). *Marketing-Theorie. Eine Einführung* (2., überarbeitete und erweiterte Auflage). Wiesbaden: Gabler Verlag / Springer Fachmedien Wiesbaden GmbH Wiesbaden.

Leimeister, J. M. (2012). *Dienstleistungsengineering und -management*. Berlin, Heidelberg: Springer Berlin Heidelberg.

Meffert, H. & Bruhn, M. (2012). *Dienstleistungsmarketing. Grundlagen, Konzepte, Methoden* (Meffert-Marketing-Edition, 7., überarb. und erw. Aufl.). Wiesbaden: Springer Gabler.

Sasser, E. W. (1984). Match supply and demand in service industries. In C. H. Lovelock (Ed.), *Services marketing. Text, cases, & readings* (The Prentice-Hall series in marketing, pp. 330-338). Englewood Cliffs, N.J.: Prentice-Hall.

Vargo, S. L. & Lusch, R. F. (2004). Evolving to a New Dominant Logic for Marketing. *Journal of Marketing* (No. 1), S. 1–17.

Internetquellen

Röwekamp, R. (2018). *Signal Iduna baut Service-dominierte Plattform*. Zugriff am 28.08.2018. Verfügbar unter https://www.cio.de/a/signal-iduna-baut-service-dominierte-plattform,3564877

Vargo, S. L. (2008). *Service-Dominant Logic: Prologue, Progress and Prospects*. Zugriff am 27.08.2018. Verfügbar unter https://www.sdlogic.net/presentations.html